Partie
du destinateur

Message :

Portrait de la maîtresse à dessiner

5 choses sur ma maîtresse...

1 J'adore ma maîtresse car :

2 Elle dit toujours :

3 Elle n'aime pas :

4 Mon meilleur souvenir avec elle :

5 Ma maîtresse c'est la plus :

Feuille de note de la maîtresse...

	Note /20
être patiente avec des petits monstres	/
être super cool	/
chanter juste des chansons d'enfants	/
être souriante	/
être super belle	/
être drôle	/
encourager les enfants	/
donner l'envie d'apprendre	/
donner l'envie de devenir maîtresse	/
	/

Appréciations de l'élève:

Date et signature :

Ma maîtresse
est une
dompteuse
de petits monstres

Partie de la maîtresse

Problème de mathématique à résoudre pour faire un gateau pommes cannelle

......pommes
......g de sucre
......g de beurre
......g de farine
......oeufs
1 pincée de cannelle
..........lait
1 sachet de levure
......minutes à four chaud

Pour réaliser son excellent gateau , la grand mère prépare ses ingrédients :

Elle a besoin en gramme de 2 centaines,5 dizaines et de 0 unité de farine, de 2.5 fois moins de sucre et de 1/3 du poids de la farine en beurre . Ensuite elle sort (3+3)/2 oeufs et 455-453 pommes,1 sachet de levure et 1 pincée de cannelle.

Pour la préparation la grand mère préchauffe son four à 180°. Dans un grand bol , elle réduit le beurre en pommade et y ajoute le sucre. Elle mélange jusqu'à ce que la préparation blanchisse.
Elle y ajoute les oeufs entiers , la farine , la levure et 2 petites tasses de lait.
Pendant que la pate repose ,elle coupe les pommes en dés et les soupoudre de cannelle.
Puis elle mélange le tout et le verse dans un moule beurré.
pour finir la grand mère enfourne le gateau pendant 0.03125 jour.
Au gouter , la grand mère son fils et ses 2 petits enfants mangent tout le gateau. En sachant que le fils mange 3 parts ,en combien de parts la grand mère à coupé le gateau pommes cannelle?

Réponse : 250g farine,100g sucre, 80g beurre,3 oeufs, 45 min au four

TEXTE À CORRIGER

Métresse, *vaucation :*

PÉDAGOGUE ÉMÉRITES , ÉQUIPÉE D'UNE ARMURE

D'ACIER PERMETTENT D'AFRONTER 30 ENFANTS SUREXCITÉS.

DÉCHARGES LES PARENTS DE LEUR OBLIGATIONS 5 JOURS SUR 7.

SIGNE DISTINCTIF : FAIT TRAVAILLÉ DES ENFANS EN TOUT LÉGALITÉ.

WORDOKU

Chaque lettre ne doit apparaître q'une fois par bloc , par ligne et par colonne.

			K		A		T	
T		A		S				K
K		S						
U			L					A
	A		E		R		O	
L				K				R
							R	T
	S			T		U		O
			O		L	S		

Mémoire du langage

Masculin ou féminin ?

......opercule

......interstice

......alcôve

......éloge

......tentacule

......écritoire

......arcane

......mandibule

......hyperbole

......abbaye

......pore

......vaudeville

......florilège

......haltère

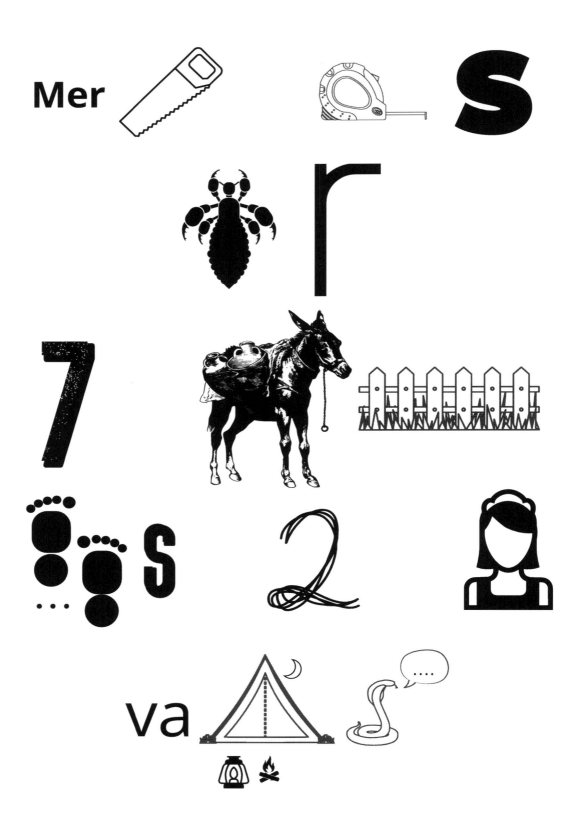

Merci maîtresse pour cette année, passe de bonnes vacances

FEUILLES DE

NOTES

Printed in Great Britain
by Amazon